Los cambios de la materia

Explorando los líquidos

La estructura, las propiedades y más

Jessica Coupé

LIGHTBOX
openlightbox.com

LIGHTBOX

Entre a
www.openlightbox.com
e ingrese el código único
de este libro.

CÓDIGO DE ACCESO

LBXA7763

Lightbox es una completa solucióndigital para enseñar y aprender temas curriculares de una manera original e innovadora. Lightbox se basa en las Normas Curriculares Nacionales.

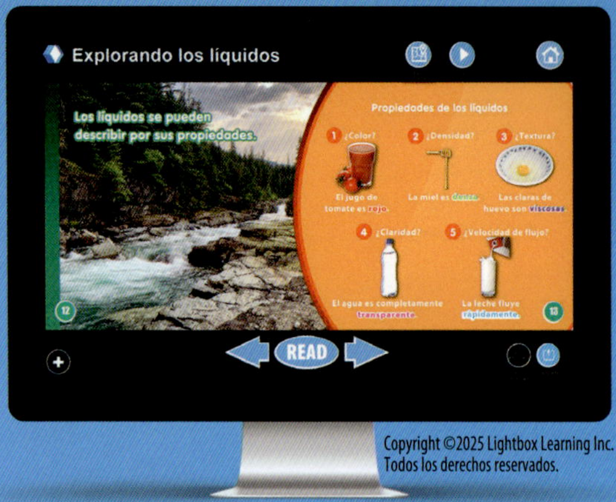

OPTIMIZADO PARA

- ✔ **TABLETAS**
- ✔ **PIZARRAS ELECTRÓNICAS**
- ✔ **COMPUTADORAS**
- ✔ **¡Y MUCHO MÁS!**

CARACTERÍSTICAS ESTÁNDAR DE LIGHTBOX

- **AUDIO** Narraciones de alta calidad con sistema de texto a voz
- **VIDEOS** Videoclips de alta definición incorporados
- **ACTIVIDADES** PDFs imprimibles que pueden enviarse por correo electrónico y calificarse
- **ENLACES WEB** Enlaces cuidadosamente seleccionados con recursos seguros para niños
- **PRESENTACIÓN EN DIAPOSITIVAS** Ilustraciones gráficas de los conceptos clave
- **MAPAS INTERACTIVOS** Mapas interactivos e imágenes satelitales aéreas
- **CUESTIONARIOS** Diez preguntas de elección multiple con puntaje automático que se envían por correo electrónico al docente para su evaluación
- **PALABRAS CLAVE** Combinación de los conceptos clave con sus definiciones

RECURSOS SUPLEMENTARIOS

- **COMPARTE** Comparte títulos dentro de tu Sistema de Gestión de Aprendizaje (LMS) o Sistema de Circulación de Bibliotecas
- **CURRÍCULO** Encuentre correlaciones curriculares Nacionales y Estatales.
- **CITAS** Crea referencias bibliográficas siguiendo los estilos de APA, CMOS y MLA

VIDEOS

ENLACES WEB

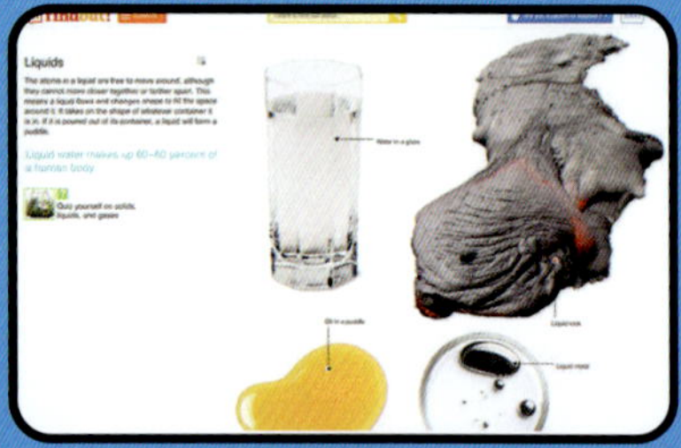

PRESENTACIÓN EN DIAPOSITIVAS

CUESTIONARIOS

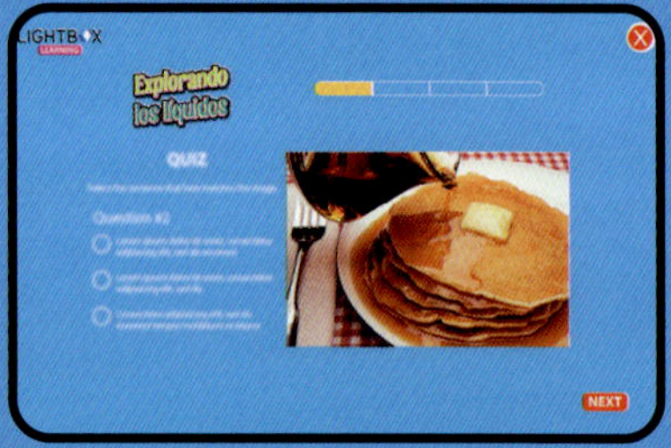

Este título está incluido en nuestra suscripción digital de Lightbox

2

Suscripción en español de K–5 por 1 año
ISBN 978-1-5105-5935-6

Accede a cientos de títulos de Lightbox con nuestra suscripción digital.
Regístrate para una prueba **GRATUITA** en **www.openlightbox.com/trial**

Se garantiza que los componentes digitales de este libro estarán activos por al menos cinco años desde la fecha de publicación.

LOS CAMBIOS DE LA MATERIA

Explorando los líquidos

La estructura, las propiedades y más

Contenidos

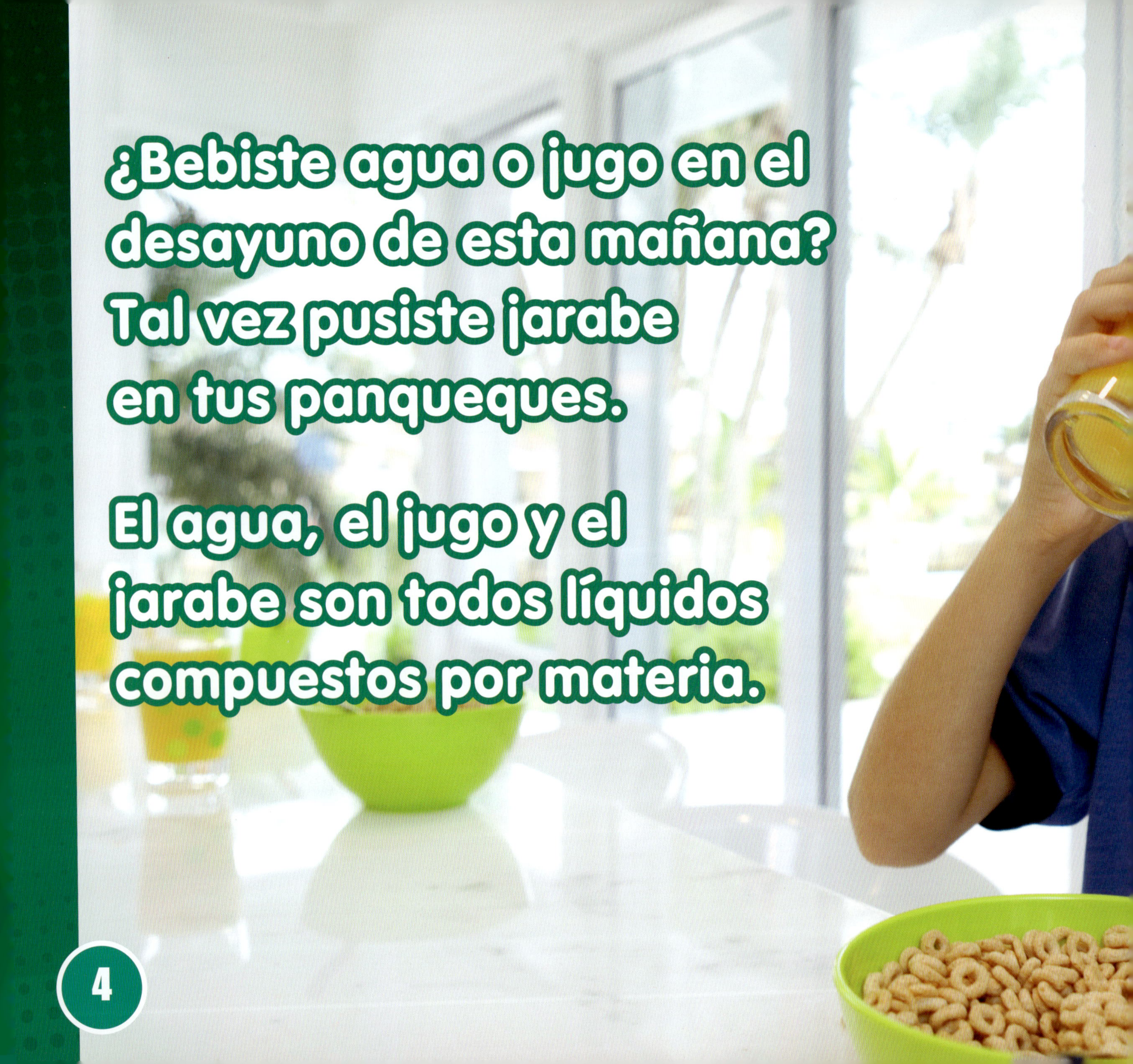

¿Bebiste agua o jugo en el desayuno de esta mañana? Tal vez pusiste jarabe en tus panqueques.

El agua, el jugo y el jarabe son todos líquidos compuestos por materia.

Líquidos a tu alrededor

Agua

Jugo

Jarabe

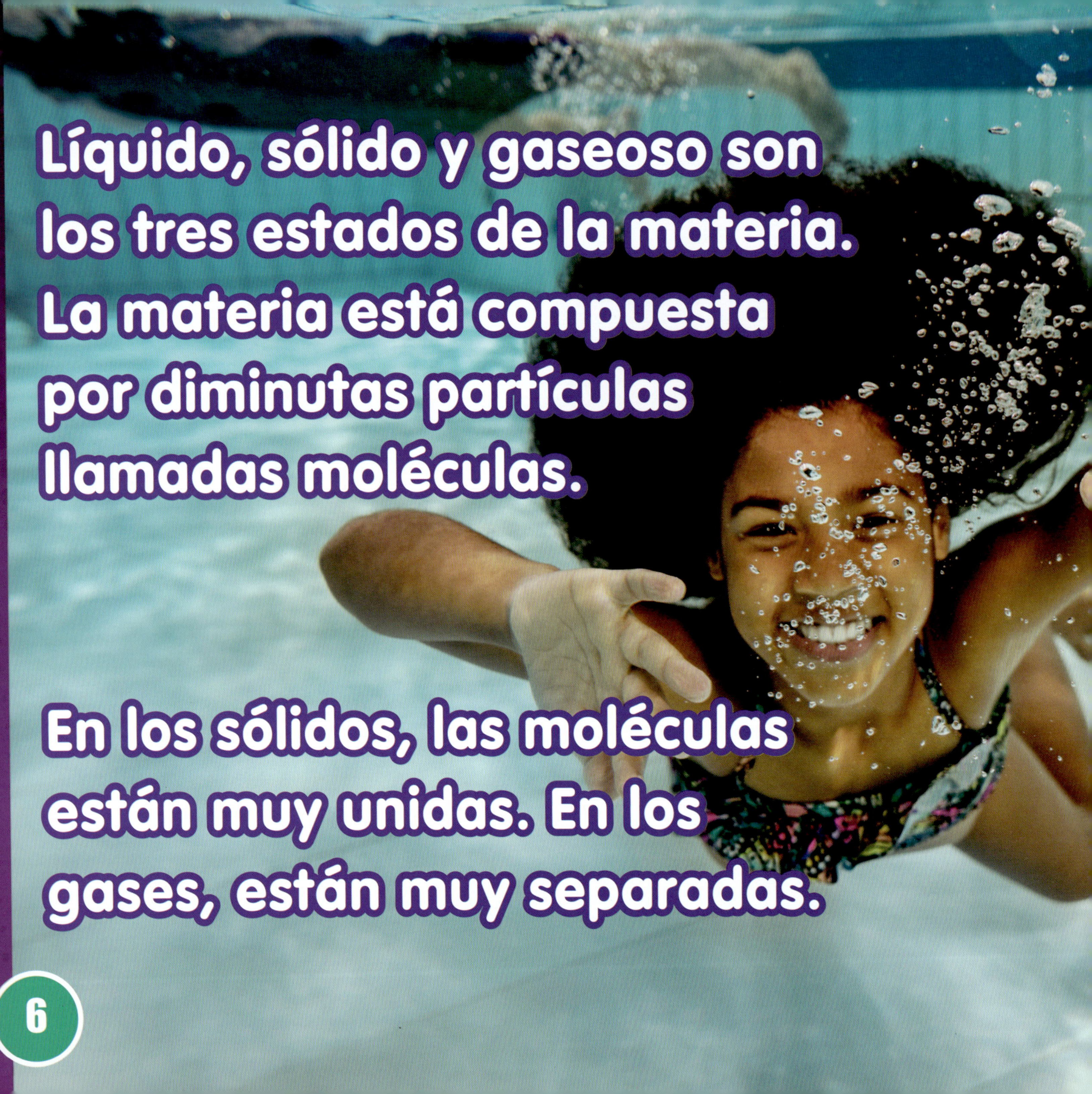

Líquido, sólido y gaseoso son los tres estados de la materia. La materia está compuesta por diminutas partículas llamadas moléculas.

En los sólidos, las moléculas están muy unidas. En los gases, están muy separadas.

Los estados de la materia

Las moléculas de los líquidos se deslizan por todas partes. Esto quiere decir que los líquidos tienen una forma flexible. Adoptan la forma de su recipiente.

Sin embargo, los líquidos tienen un volumen fijo. Siempre ocupan la misma cantidad de espacio.

Líquidos

Forma:

flexible

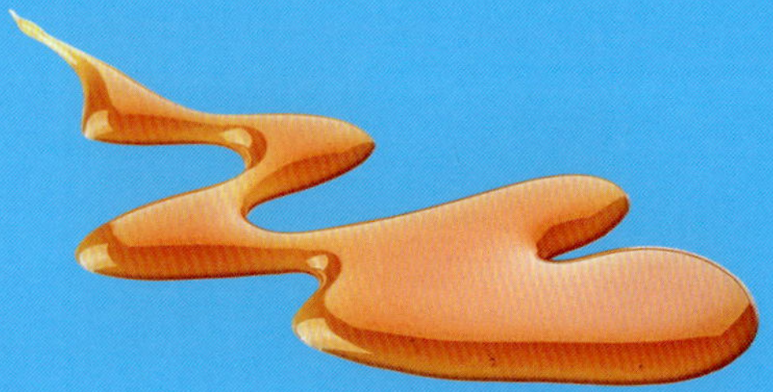

Volumen:

fijo

Las propiedades describen cómo es algo. Los líquidos pueden ser densos o ligeros.

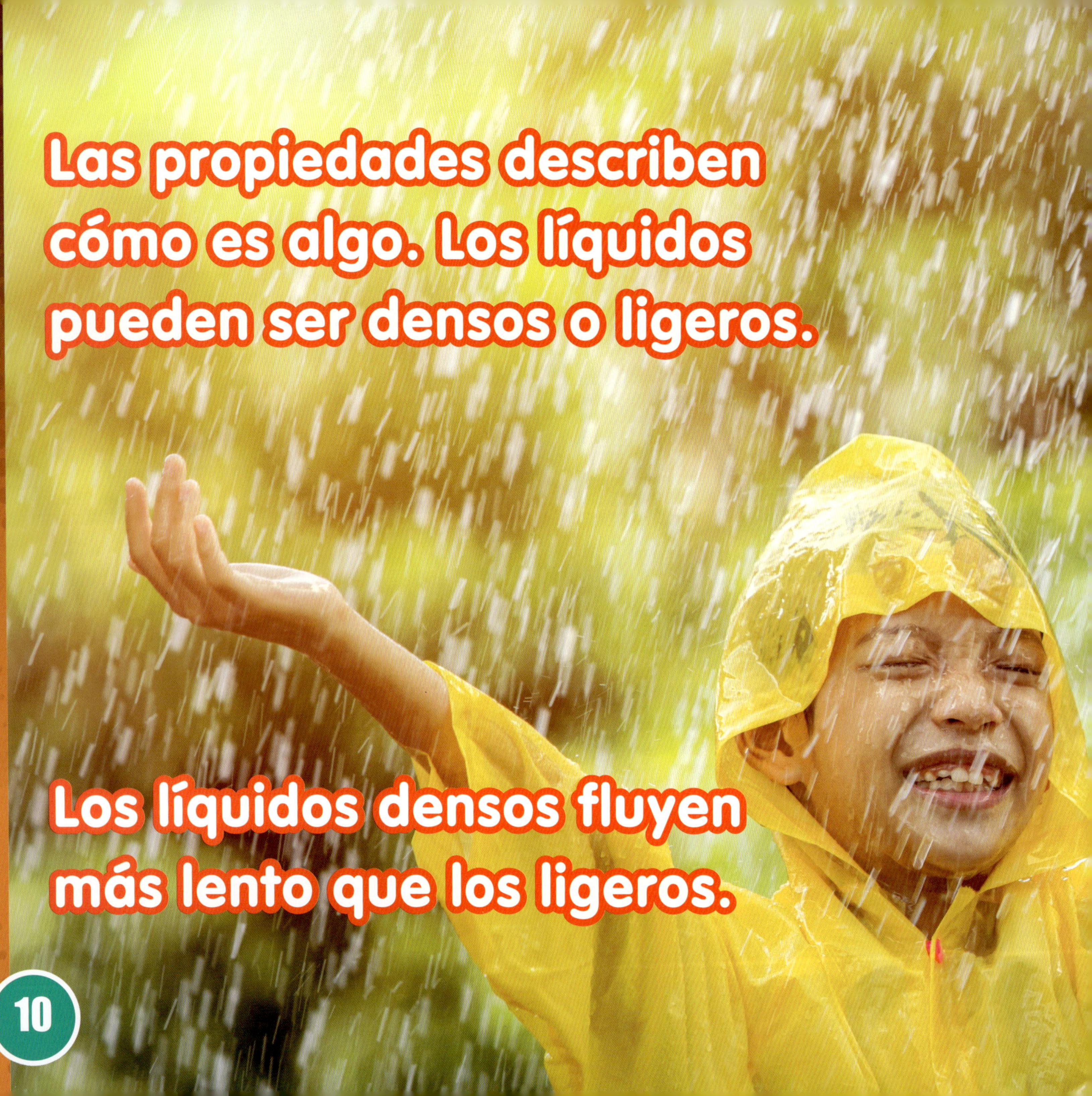

Los líquidos densos fluyen más lento que los ligeros.

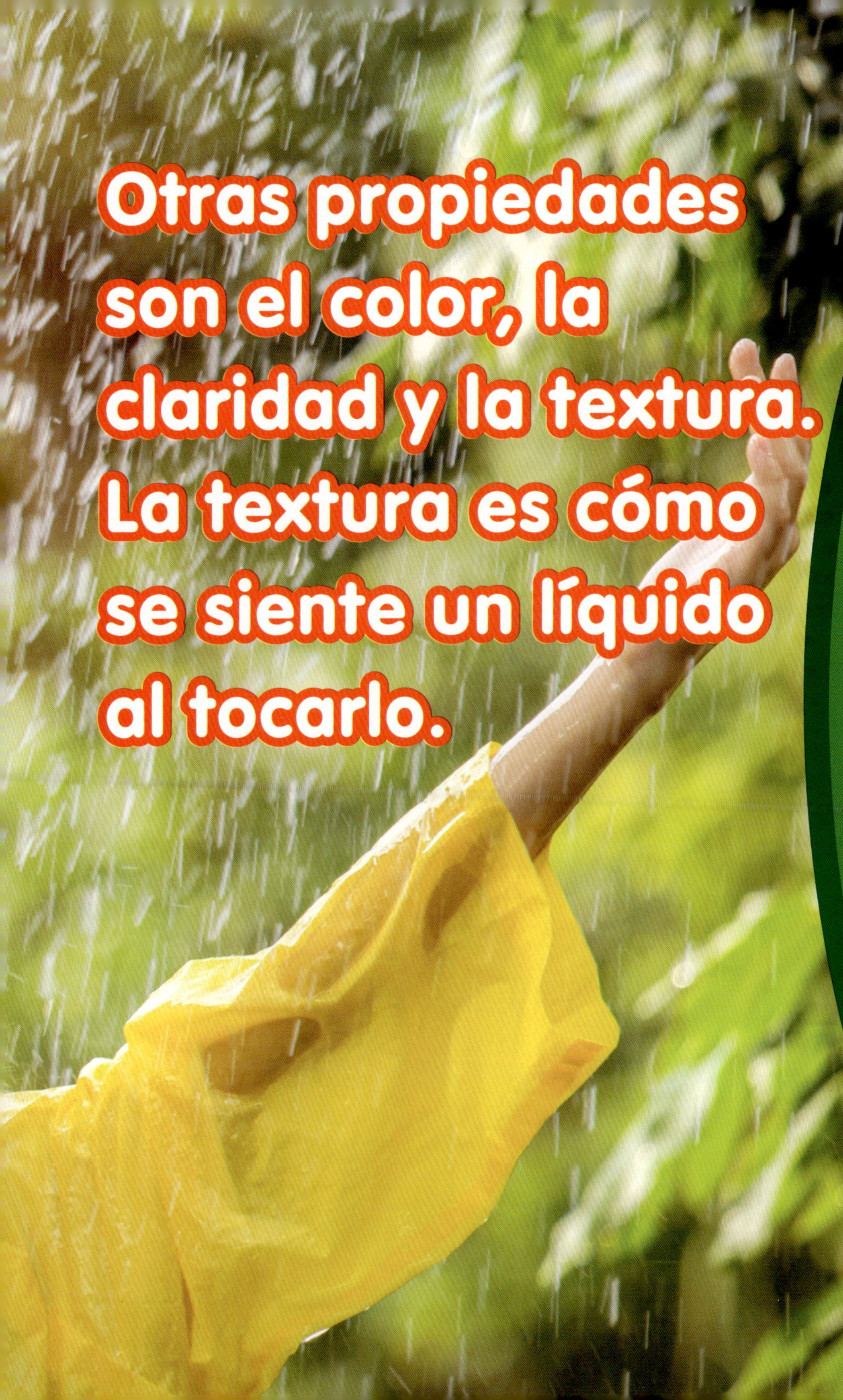

Otras propiedades son el color, la claridad y la textura. La textura es cómo se siente un líquido al tocarlo.

Compara la densidad y la fluidez

El agua es **ligera**. Fluye **rápidamente**.

La miel es **densa**. Fluye **lentamente**.

Los líquidos se pueden describir por sus propiedades.

Propiedades de los líquidos

1 ¿Color?

El jugo de tomate es **rojo**.

2 ¿Densidad?

La miel es **densa**.

3 ¿Textura?

Las claras de huevo son **viscosas**.

4 ¿Claridad?

El agua es completamente **transparente**.

5 ¿Velocidad de flujo?

La leche fluye **rápidamente**.

El agua es un líquido muy importante. La necesitamos para vivir.

Las propiedades del agua

Observa este vaso con agua. ¿Cuáles son algunas de las propiedades del agua?

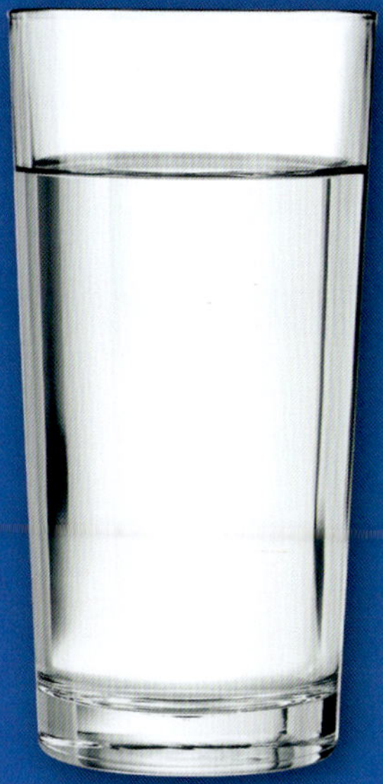

1 ¿Color?
Incolora

2 ¿Densidad?
Ligera

3 ¿Texture?
Lisa

4 ¿Claridad?
Transparente

5 ¿Velocidad de flujo?
Rápida

La forma en que se usa un líquido depende de sus propiedades.

El jarabe de arce es un líquido **dulce**. Se usa para endulzar los panqueques u otras comidas. Es **pegajoso** al tacto.

Como es un líquido **denso**, cae lentamente de su recipiente al verterlo.

El aceite es un tipo de líquido. Muchos aceites son **inflamables**. Esto quiere decir que se queman con facilidad. Hay diferentes aceites que se usan para diferentes cosas.

El aceite de cocina se usa para freír y **saborizar** comidas. La energía del aceite llamado gasolina hace que los autos y otros vehículos funcionen.

Actividad: Describe las propiedades

En tu cocina hay muchos líquidos. Elige tres, como sopa, jarabe y jugo.

Materiales:

- Tres líquidos de tu refrigerador
- Tres vasos transparentes

Pasos:

1) Vierte cada líquido en un vaso transparente.
2) Observa las diferentes propiedades de cada líquido.

Color
Densidad
Textura
Claridad
Velocidad de flujo

3) Anota el nombre de cada líquido. Luego, escribe sus propiedades.

Piensa sobre lo que ves

¿En qué se diferencian estos líquidos?
¿En qué se parecen estos líquidos?

Pon a prueba tus conocimientos

El agua, La salsa de tomate y la leche son líquidos que seguramente has usado.

1. Clasifica estos líquidos del menos **denso** al más **denso**.

2. ¿Cuál de estos líquidos es **blanco**?

3. ¿Cuál es el más **transparente**?

1. Agua, leche, salsa de tomate

2. Leche

3. Agua

Published by Lightbox Learning Inc.
276 5th Avenue
Suite 704 #917
New York, NY 10001
Website: www.openlightbox.com

Library of Congress Control Number: 2024933208

ISBN 978-1-5105-8603-1 (hardcover)
ISBN 978-1-5105-8602-4 (static multi-user eBook)
ISBN 978-1-5105-8605-5 (interactive multi-user eBook)

072024
112023

Printed in Guangzhou, China
1 2 3 4 5 6 7 8 9 0 28 27 26 25 24

Designer: Mandy Christiansen
Layout: Ana María Vidal
English Project Coordinator: Priyanka Das
Spanish Project Coordinator: Sara Cucini
English/Spanish Translation: Translation Services USA

The publisher acknowledges Getty Images and Shutterstock as its primary image suppliers for this title.